Kevin Weber

Moderne Sklaverei - Ist Menschenwürde in einer globalisierten Gesellschaft möglich?

GRIN Verlag

Bibliografische Information der Deutschen Nationalbibliothek:

Die Deutsche Bibliothek verzeichnet diese Publikation in der Deutschen National-
bibliografie; detaillierte bibliografische Daten sind im Internet über http://dnb.d-
nb.de/ abrufbar.

Impressum:

Copyright © 2012 GRIN Verlag GmbH
Druck und Bindung: Books on Demand GmbH, Norderstedt Germany
ISBN: 978-3-656-23439-5

Dieses Buch bei GRIN:

http://www.grin.com/de/e-book/197243/moderne-sklaverei-ist-menschenwuerde-
in-einer-globalisierten-gesellschaft

GRIN - Your knowledge has value

Der GRIN Verlag publiziert seit 1998 wissenschaftliche Arbeiten von Studenten, Hochschullehrern und anderen Akademikern als eBook und gedrucktes Buch. Die Verlagswebsite www.grin.com ist die ideale Plattform zur Veröffentlichung von Hausarbeiten, Abschlussarbeiten, wissenschaftlichen Aufsätzen, Dissertationen und Fachbüchern.

Besuchen Sie uns im Internet:

http://www.grin.com/

http://www.facebook.com/grincom

http://www.twitter.com/grin_com

Moderne Sklaverei

Ist Menschenwürde in einer
globalisierten Gesellschaft möglich?

Vortrag von Kevin Weber

(Erweiterte Version.)

1. Inhaltsverzeichnis

2. Einleitung: „Die Sklavin Karla"

Seit 2004 soll eine junge Deutsche bei einem Ehepaar in Bosnien als Haushaltssklavin missbraucht worden sein. Die Geschichte des Mädchens mit dem Decknamen *Karla* erinnert eher an das Leben eines Tieres als an das eines Menschen: Sie schlief in einem Stall, wurde laut Zeugenberichten vor einen Pferdekarren gespannt und musste unter Peitschenhieben schwere Feldarbeit leisten. Weil Karla nicht genug zu essen bekam, ernährte sie sich sogar teils aus einem Schweinetrog.

Dazu kommt, dass die 19-Jährige in den vergangen Jahren weder zur Schule gehen noch Kontakt zu anderen Personen haben durfte. Sie wurde sexuell missbraucht und unzählige Narben weisen auf regelmäßige Schnitte mit einem Messer hin, die nie versorgt wurden.

Erst am 17. Mai diesen Jahres entkam Karla aus den Händen der Sklavenhalter. Auch wenn bereits vor mehreren Jahren Ermittlungen in dem Fall stattfanden, konnten die Behörden das Mädchen nicht befreien. Es heißt, bei einer Hausdurchsuchung habe man Karla nicht gefunden. Den Nachbarn tat das Mädchen leid, aber großartig unternommen hatte keiner etwas.

Aktuell ermitteln neben der bosnischen Polizei sogar deutsche Behörden, denn: Karla soll von ihrer deutschen Mutter nach Bosnien übergeben worden sein.[1]

Die Geschichte von Karla ist kein Einzelfall und doch liest man über moderne Sklaverei nur sehr wenig. Und obwohl 90% aller Sklaven in Asien leben[2], spricht die Europol noch immer „von Hunderttausenden Menschenhandelsopfern in der EU."[3] Der Handel mit Menschen nimmt somit in der Europäischen Union und auf dem ganzen Globus ein schwer vorstellbares Ausmaß an.

Fasst man den Fall Karla zusammen, die unwürdiger als ein Tier leben musste und wie eine Ware über eine Distanz von mehr als 1.000 Kilometern in ein fremdes Land ausgeliefert worden war, stellt sich die Frage, wie es um die menschliche Würde in einer zunehmend verflochtenen Welt steht. Ist Menschenwürde in einer globalisierten Gesellschaft möglich?

---

[1] Vgl. „Horror in Bosnien – Die Sklavin Karla", Cathrin Kahlweit, sueddeutsche.de, http://www.sueddeutsche.de/panorama/horror-in-bosnien-die-sklavin-karla-1.1368278
[2] Vgl. „Menschenhandel – Rückkehr der Sklaverei", Thomas Schirrmacher, 2011 SCM Hänssler (ISBN: 978-3-7751-5335-5): S. 14
[3] „Menschenhandel: Europas neuer Schandfleck", Armando García Schmidt, 2008 Bertelsmann Stiftung, [PDF] http://www.bertelsmann-stiftung.de/bst/de/media/xcms_bst_dms_24391_24392_2.pdf

3. Menschenrechte

3.1 Die Würde des Menschen

Was versteht man überhaupt unter „Menschenwürde"? Im Allgemeinen bezeichnet „Würde" einen relativ schwer erfassbaren Komplex zwischen Werten, Wertbewusstsein und den damit verbundenen Erwartungen an ein Verhalten.[4]

Bezieht man die Würde auf den Menschen, nimmt jeder Mensch in der Gesellschaft eine gewisse Position ein. An jeden Menschen in seiner Position werden bestimmte Verhaltenserwartungen gesetzt. Und nur, wenn er diese Erwartungen erfüllen kann, lebt er „in Würde" und kann von den anderen Menschen Respekt erwarten.

Menschenwürde heißt aber auch – und das ist noch viel grundlegender und wichtiger –, Erwartungen an sich selbst zu haben. In diesem Fall soll der Mensch „einfach nur Mensch sein". Das steht jeder Person in gleichem Maße zu, sodass bezüglich der Menschenwürde alle Menschen gleich anzusehen sind. „Dieser Wert des Menschen als Zweck an sich selbst und damit seine spezifische Würde gründen letztlich in seiner Fähigkeit […] **selbstbestimmt und eigenverantwortlich** […] zu handeln. Mit anderen Worten: Freiheit ist die Bedingung der Möglichkeit von Würde überhaupt. Wer also dem anderen die Handlungsfreiheit beschneidet oder selbst auf die ihm eigene Autonomie verzichtet, der verletzt den fundamentalsten Wert des Menschseins."[5]

3.1.1 *Zusatz:* Die Würde nach Kant

Unter anderen prägte der Philosoph **Immanuel Kant** mit seiner „Grundlegung zur Metaphysik der Sitten" von 1785 die heutige Vorstellung von Menschenwürde. Mit der Selbstzweckformel, einer Variation des kategorischen Imperativs, verbietet er die Instrumentalisierung und somit die Ausbeutung des Menschen:

„Handle so, dass du die Menschheit sowohl in deiner Person, als in der Person eines jeden andern jederzeit zugleich als Zweck, niemals bloß als Mittel brauchst."[6]

Kant leitete die Menschenwürde aus seiner Eigenschaft als Person her, also einem freien, vernunftbegabten Wesen. Unter Freiheit versteht Kant die Fähigkeit des Willens, sich nur von dem selbst gesetzten Objekt der Vernunft bestimmen zu lassen.

Oder anders gesagt: „Entscheidend für die Begründung der Menschenwürde als oberstem Moralprinzip ist seine allgemeine Verbindlichkeit. In der Kantischen Ethik ist der Grund für die Menschenwürde die Vernunft und damit die spezifisch menschliche Eigenschaft, moralisch zu urteilen und zu handeln. "Menschenwürde" bedeutet in diesem Sinne die vernünftige Einsicht in die wechselseitige Verpflichtung, andere Menschen "niemals bloß als Mittel" sondern immer auch "als Zweck an sich selbst" zu behandeln."[7]

---

[4] Vgl. „Schülerduden – Die Philosophie", 1985 Bibliographisches Institut (ISBN: 3-411-02206-X): „Würde"
[5] Siehe [4]
[6] „Grundlegung zur Metaphysik der Sitten", Immanuel Kant, http://gutenberg.spiegel.de/buch/3510/1
[7] Institut Mensch, Ethik und Wissenschaft, http://www.imew.de/index.php?id=229

3.2 Die Menschenwürde als Rechtsgrundlage

Der Besitz einer menschlichen Würde wurde vom
deutschen Philosophen **Samuel von Pufendorf** im 17.
Jahrhundert wie folgt begründet und machte aus der
Menschenwürde letzten Endes einen juristischen
Begriff:

> *„[Der Mensch hat] eine außerordentliche Würde,*
> *weil er eine Seele besitzt, die unsterblich ist und*
> *erleuchtet durch das Licht seines Verstandes und*
> *die Fähigkeit, die Dinge zu beurteilen und unter*
> *verschiedenen Möglichkeiten die richtige zu*
> *wählen, und die außerdem noch erfahren ist in*
> *vielen Künsten."*[8]

Bewunderung ernteten Pufendorfs Theorien unter anderem von **John Locke**. Die vom
englischen Aufklärer formulierten ersten Menschenrechte *Leben, Freiheit und Eigentum*
zogen 1776 in die Amerikanische Unabhängigkeitserklärung als *„Life, Liberty and the
pursuit of Happiness"*[9] ein.

Durch den Einfluss der US-Amerikaner auf die Vereinten Nationen, finden sich letztlich
Pufendorfs Ansätze zur *dignatio*, Würde, 1948 in der UN-Menschenrechtserklärung und
1949 im Grundgesetz der Bundesrepublik Deutschland wieder.

In der **Allgemeinen Erklärung der Menschenrechte** der Vereinten Nationen ist gleich
im ersten Artikel manifestiert:

> *„Alle Menschen sind frei und gleich an Würde und Rechten geboren. Sie sind mit*
> *Vernunft und Gewissen begabt und sollen einander im Geiste der Brüderlichkeit*
> *begegnen."*[10]

Im **Grundgesetz** wurde die Menschenwürde ebenfalls an vorderster Stelle verankert:

> *„Die Würde des Menschen ist unantastbar. Sie zu achten und zu schützen ist*
> *Verpflichtung aller staatlichen Gewalt."*[11]

---

[8] „Informationen zur politischen Bildung Nr. 305/2009 – Grundrechte": S. 6
[9] „Declaration of Independence", http://www.archives.gov/exhibits/charters/declaration_transcript.html
[10] „Allgemeine Erklärung der Menschenrechte",
http://www.un.org/depts/german/grunddok/ar217a3.html
[11] Art. 1 Abs. 1 GG

3.3 *Zusatz:* Begründung der Menschenrechte

Menschenrechte sind nicht entziehbare Rechte und Freiheiten, die jedem Menschen in gleichem Maße zustehen.

In der Regel werden aus der Menschenwürde die Menschenrechte abgeleitet. Denn wer eine menschliche Würde besitzt, hat natürlich ein Recht auf Leben, freie Meinungsäußerung etc., da Freiheit die Bedingung der Möglichkeit von Würde ist, siehe Abschnitt 3.1.

John Locke begründet die Gültigkeit der Menschenrechte mit dem **Naturzustand**: Die Rechte ergeben sich aus dem **Gesetz der Natur**, das die **Erhaltung der Menschheit** verlangt und von jedem Menschen mit Hilfe seiner **Vernunft** erkannt werden kann.

Für Locke ist der Mensch von Natur aus im Zustand vollkommener Freiheit und Gleichheit, jedoch nicht im Zustand der Zügellosigkeit. Der Mensch ist demnach nur in dem Sinne nicht frei, dass er weder sich selbst noch ein Lebewesen, das er besitzt, vernichten darf. Dabei bildet beispielsweise die Notwehr eine Ausnahme, da sie der bloßen Selbsterhaltung dient. Zudem sind wir Menschen nach Ansicht von Locke das Eigentum eines „einzigen allmächtigen und unendlich weisen Schöpfers". Deshalb müssen wir so lange leben, wie es unser souveräner Herr will; nicht wie wir wollen.[12]

Dagegen sieht der Philosoph Ernst Tugendhat die Menschenrechte nicht als etwas an, mit dem wir bereits zur Welt kommen. In seinen Augen ist die Begründung eine **moralische: Aus unseren Bedürfnissen folgen Rechte und Pflichten**. Zum Beispiel besteht das Recht auf körperliche Unversehrtheit daher, weil jeder jeden schützen muss. Schließlich verpflichten wir uns moralisch zur Schaffung einer legalen Instanz als einheitliche Vertretung aller, um unser eigenes Bedürfnis nach Sicherheit zu gewährleisten.[13]

---

[12] Vgl. „Zwei Abhandlungen über die Regierung", John Locke, [PDF] http://www.joachimschmid.ch/docs/PAzLockeJohZAbhaReg.pdf
[13] Vgl. „Vorlesungen zur Ethik. Siebzehnte Vorlesung: Menschenrechte", Ernst Tugendhat, 1993 Frankfurt a. M. (Suhrkamp)

4. Moderne Sklaverei

4.1 Sklaverei in der globalisierten Gesellschaft

Wohl am stärksten missachtet wird die Menschenwürde von Sklavenhaltern und Menschenhändlern. Auch wenn viele Menschen denken, Sklaverei sei längst Vergangenheit, ist sie doch allgegenwärtiger denn je. Mit der Globalisierung sind neue Formen von Sklaverei entstanden, die zig Millionen Menschen betreffen. Bei der Sklaverei sind Menschen von anderen Personen sozial und wirtschaftlich abhängig.

Im Protokoll von Palermo definieren die Vereinten Nationen die Ausbeutung als den eigentlichen Zweck des Menschenhandels. Neben dem Tatzweck, der Ausbeutung, gehört zur Definition von Menschenhandel, dass an den Opfern Gewalt, Betrug oder Ähnliches angewandt wurde.

> *Palermo-Protokoll, 2000, Artikel 3 (a):*
> *„[D]er Ausdruck «Menschenhandel» [bezeichnet] die Anwerbung, Beförderung, Verbringung, Beherbergung oder Aufnahme von Personen durch die Androhung oder Anwendung von Gewalt oder anderen Formen der Nötigung, durch Entführung, Betrug, Täuschung, Missbrauch von Macht oder Ausnutzung besonderer Hilflosigkeit oder durch Gewährung oder Entgegennahme von Zahlungen oder Vorteilen zur des Einverständnisses einer Person, die Gewalt über eine andere Person hat, zum Zweck der Ausbeutung."[14]*

Die Globalisierung des Menschenhandels und der Sklaverei zeigt sich darin, dass Opfer, wie die anfänglich erwähnte *Sklavin Karla*, häufig tausende von Kilometern zurücklegen. Die **weiten Strecken** sind den **billigen Transportkosten** und den eher **unbedeutend gewordenen Staatsgrenzen** zu verschulden. Nahezu problemlos lassen sich menschliche Sklaven von einem Land in andere verschieben. Bestellt beispielsweise ein Bordell „Nachschub" an Prostituierten, dauert es oft nur wenige Stunden bis der Auftrag ausgeführt ist. Für die Polizei heißt das außerdem, dass auffällige Personen von einem Tag auf den nächsten das Land verlassen und kaum noch belangt werden können.

So spielen weltweit nahezu alle Staaten im Netz der Menschenhändler eine Rolle – meist mit „überschlappenden Funktionen als **Herkunfts-, Transit- und Zielländer.**"[15]

Ins Geschäft mit den Sklaven lässt sich leider recht einfach einsteigen: **Als Startkapital dienen Menschen.** Während man vor dem 18. Jahrhundert noch hauptsächlich durch Entführung neue Sklaven „beschlagnahmte", werden heutzutage vorzugsweise hilflose Menschen ausgenutzt. Dazu versprechen Sklavenhalter armen Menschen, zum Beispiel aus Flüchtlingslagern, oftmals eine lohnenswerte Einnahmequelle beziehungsweise eine Jobmöglichkeit.

---

[14] „Zusatzprotokoll zur Verhütung, Bekämpfung und Bestrafung des Menschenhandels, insbesondere des Frauen- und Kinderhandels zum Übereinkommen der Vereinten Nationen gegen die grenzüberschreitende organisierte Kriminalität", [PDF] http://www.admin.ch/ch/d/ff/2005/6809.pdf
[15] „Menschenhandel in Deutschland", Follmar-Otto/Rabe, 2009 Deutsches Institut für Menschenrechte: S. 22, [PDF] http://www.institut-fuer-menschenrechte.de/uploads/tx_commerce/studie_menschenhandel_in_deutschland_01.pdf

Laut dem *Büro der Vereinten Nationen für Drogen- und Verbrechensbekämpfung* werden **79 Prozent der Menschenhandelsopfer sexuell und 18 Prozent durch Zwangsarbeit** ausgebeutet.[16] Alternative Arten der Ausbeutung sind unter anderem der Missbrauch für den Heiratsmarkt und das Ausschlachten von Organen. Kinder betreffend kommt insbesondere dazu, dass sie zur Adoption verkauft oder zum Betteln und zu Diebstählen gezwungen werden.

Für die Menschenhändler bedeutet das illegale Geschäft letztlich: enorme Profite. Allerdings spielt sich Menschenhandel häufig unter dem Deckmantel der Legalität ab, zum Beispiel in Form von Au pair-Verhältnissen, Ehen oder Subunternehmen.

Schuld an dem äußerst rentablen Wirtschaftszweig sind vor allem die **hohe Nachfrage** und das **niedrige Risiko** erwischt zu werden. Das bestätigt mitunter die europäische Polizeibehörde *Europol*. Sie betrachtet den Handel mit Menschen als **das derzeit am rasantesten wachsende kriminelle Gewerbe**.

---

[16] Vgl. „Global Report on Trafficking in Persons", 2009 UNODC, [PDF] http://www.unodc.org/documents/human-trafficking/TIP_Executive_summaries.pdf

4.2 *Zusatz:* Sklaverei im Vergleich zu früher

„Früher", das ist gerade einmal die Zeit vor dem 18. Jahrhundert, wurden Menschen vorzugsweise als reine **Arbeitskräfte** ausgebeutet. „Damals" schickten auch gerne mal Regierungen oder andere offizielle Gruppierungen ihre Bürger in die Sklaverei – zum Beispiel in Kolonien. Aber auch in der heutigen Zeit dominiert die „alte" Form der Sklaverei in manchen armen Ländern. Ein Beispiel ist Mauretanien, wo etwa ein Fünftel der Bevölkerung als Sklaven arbeiten muss – obwohl die Sklaverei in dem westafrikanischen Land offiziell 2007 verboten wurde.

Viel verbreiteter ist heute die Form der **Schulknechtschaft**: Als Voraussetzung nimmt jemand bei einer anderen Person einen Kredit auf, in welcher Form auch immer. Dabei zählt die **Arbeitskraft des Verschuldeten als Pfand**. Weil die Verschuldeten kaum eine Möglichkeit haben, neben ihrer Arbeit bei dem Sklavenhalter bzw. Kreditgeber Geld zu verdienen, können sie die Schulden ihr Leben lang nicht zurückzahlen. Dass Schulden und Arbeitskraft in einem gerechten Verhältnis zueinander stehen, ist fast nie der Fall.

Sklaverei vor dem 18. Jahrhundert[17]	Moderne Sklaverei
Kaum globalisiert	Weltweites Netz von Menschenhändlern
Sklaven als legaler Besitz	Besitznachweis wird vermieden
Hoher Kaufpreis	Äußerst niedriger Kaufpreis
Potenzielle Sklaven knapp	Überschuss an potenziellen Sklaven
Langzeitbeziehung	„Wegwerfsklaven"
Rassenunterschiede wichtig	Ethnische Unterschiede weniger wichtig

---

[17] Vgl. „Moderne Sklaverei", Bales/Cornell, 2008 Gerstenberg Verlag (ISBN: 978-3-8369-2590-7): S. 25

5. „Zwangsarbeit

5.1 Beispiel: Foxconn

„Work hard on the job today or work hard to find a job tomorrow" – mit derartigen Sprüchen an den Wänden setzen Firmen ihre Angestellten unter Druck. **Lieber arbeiten** Millionen Bauernkinder, etwa aus China, Südkorea und Malaysia, unter ausbeuterischen und menschenunwürdigen Verhältnissen, **als den Job zu verlieren.** Unzählige asiatische Arbeitslose reißen sich geradezu darum, in Niedriglohnfabriken eine Stelle zu bekommen. Denn was in einem Industrieland wie Deutschland als moralisch verwerflich gilt, ist in anderen Ländern gängige Praxis.

Die meisten Asiaten wünschen sich, **der dörflichen Enge und traditionellen Gepflogenheiten** zu **entkommen.** Sie hoffen auf mehr Unabhängigkeit. Vor allem Frauen wollen zunehmend ihr **eigenes Geld verdienen,** anstatt die Zeit als Hausfrau hinter dem Herd zu verbringen.

Unternehmen wie die taiwanesische Firma *Foxconn* locken neue Arbeiter durch **vergleichsweise hohe Löhne.** *Foxconn* beschäftigt rund 1,2 Millionen Angestellte und produziert in seinen Fabrikanlagen für Computerfirmen wie *Apple*, *Dell* und *Sony*. **Unterkunft** bekommen die Arbeiter auf dem Firmengelände, das reichlich an Freizeitanlagen zu bieten hat. Allerdings wird dort das Leben der Angestellten **rund um die Uhr überwacht.** Freizeit haben ohnehin nur die wenigsten.

Berichten zufolge arbeitet ein Großteil der Angestellten nicht selten **sieben Tage die Woche.** Letztes Jahr wurden durch **Explosionen** in Fabriken 77 Menschen verletzt. Bei einer Explosion im Mai 2011 starben sogar 4 Menschen. Schuld an der Explosion war Staub aus Aluminium. **Giftige Stoffe** sind keine Seltenheit und beeinträchtigen das Leben zahlreicher Arbeiter in Niedriglohnfabriken nachhaltig.

Die langen Arbeitszeiten und schlechten Arbeitsbedingungen bewegten in den letzten zwei Jahren mindestens 18 Arbeiter dazu, **Selbstmordversuche** zu unternehmen. Seit 2010 bietet Foxconn zumindest über eine Hilfs- und Seelsorgehotline kostenlos **psychologische Beratung** an.

Immer wieder wird *Apple* über die miserablen Bedingungen in den Produktionswerken alarmiert und Besserung scheint zumindest ansatzweise in Sicht. In einem **Verhaltenskodex** fordert *Apple*, wie auch andere Unternehmen, seine Herstellerfirmen dazu auf, sichere Arbeitsbedingungen zu garantieren, Angestellte mit Würde und Respekt zu behandeln, sowie auf umweltfreundliche Herstellungsprozesse zu setzen.

> *„We require that our suppliers provide safe working conditions, treat workers with dignity and respect, and use environmentally responsible manufacturing processes wherever Apple products are made."[18]*

---

[18] „Apple Supplier Responsibility – 2012 Progress Report", 2012 Apple Inc., [PDF]
http://images.apple.com/supplierresponsibility/pdf/Apple_SR_2012_Progress_Report.pdf

5.2 *Zusatz:* Beispiel: Sexindustrie

Wenn man in Deutschland von Menschenhandel spricht, bezieht man sich meist auf den Handel mit Frauen und Mädchen. Vor allem in West- und Mitteleuropa zeigt sich der Frauenhandel in Form von Zwangsprostitution.

Hierbei darf man jedoch **nicht pauschalisieren**: Denn nicht jede Frau, die sich für sexuelle Handlungen bezahlen lässt, wird dazu gezwungen. Tatsache ist, dass Prostituierte häufig für niedrige Löhne unter schlechten Arbeitsbedingungen anschaffen, dass sie gegenüber anderen Personen in irgendeiner Form abhängig und gewaltsamen Handlungen ausgeliefert sind.

Während die eine Seite die Meinung vertritt, freiwillige Prostitution sei als „**Akt der Befreiung** der Frau von enger Sexualmoral" anzusehen, bezeichnen andere Prostitution als Beispiel für die **Unterdrückung von Frauen**.[19] Auf jeden Fall gilt es zwischen der selbstbestimmten und der erzwungenen Prostitution zu differenzieren. Während die freiwillige Arbeit als „Sexarbeiterinnen" zu schützen ist, muss die Zwangsprostitution verhindert werden.

Ein Lösungsansatz zur Bekämpfung von Menschenhandel bezüglich der Sexindustrie sorgte in Schweden für deutlich weniger Prostitution: In dem Königreich setzte man ein weltweit einmaliges Gesetz durch. Dem zufolge sind „**Kauf und Vermittlung von sexuellen Diensten** [...] **verboten**, während der Verkauf von Sex legal bleibt. Zuhälter müssen mit bis zu sechs und Frauenhändler mit bis zu zehn Jahren Gefängnis rechnen."[20] Dadurch kann die Polizei Freier bestrafen, die für Geschlechtsverkehr bezahlt haben und erwischt werden.

Der negative Nebeneffekt dieses „nordischen Modells" sind eine Zunahme an Vergewaltigungen auf dem Straßenstrich und häufiger auftretende Geschlechtskrankheiten. Dagegen muss man ebenso sehen, dass deutlich weniger Menschen in der Prostitution tätig sind und kommende Generationen seltener an typischen Folgen von Zwangsprostitution leiden müssen: Schäden in psychischer und physischer Hinsicht, insbesondere Drogenmissbrauch, HIV-Infektionen und Depressionen.

---

[19] Vgl./siehe [2]: S. 69
[20] „'Glückliche Huren gibt es nicht'", André Anwar, spiegel.de,
http://www.spiegel.de/politik/ausland/0,1518,515779,00.html

6. Fazit

Pro – Menschenwürde ist möglich	**Kontra – Würde ist nicht möglich**

• *Pufendorf*: Besitz einer unsterblichen Seele, Fähigkeit zum selbständigen Denken und künstlerische Tätigkeiten
• Internationale Organisationen wie *Amnesty International* und *UNO* setzen sich für die Beachtung der menschlichen Würde ein
• Menschenwürde per Gesetz garantiert
   o UN-Menschenrechtserklärung
   o Grundgesetz
• Internationale Zusammenarbeit zur Verbrechensbekämpfung
• Menschenunwürdige Arbeitsbedingungen treten immer mehr ins Bewusstsein der Bürger und Firmen, Gesundheit und Nachhaltigkeit werden wichtiger
	• Beispiel: „Die Sklavin Karla"
	• Weltweiter, schneller Transport von Sklaven ohne große Hindernisse
	• Arme Menschen werden erst recht ausgenutzt und ausgebeutet
	• Menschenhandel = sehr rentabler Wirtschaftszweig, schwer zu verhindern
	• Nicht selbst bestimmtes Handeln durch:
	   o Armut, Ausweglosigkeit
	   o Mangelnde Bildung, Unwissenheit
	   o Von Geburt an Sklave
	• Miserable Arbeitsbedingungen
	• Menschheit als Zufallsergebnis (Biologische Evolutionslehre)
	• Keine speziellen Erbanlagen, die Menschenwürde rechtfertigen

Letztendlich steht noch immer die Frage offen, ob Menschenwürde in einer globalisierten Gesellschaft möglich ist. Betrachtet man den Fall der Sklavin *Karla* muss man sagen: Nein, *Karla* konnte in den letzten acht Jahren kein menschenwürdiges Leben führen, da sie nicht frei, das heißt selbstbestimmt und in eigener Verantwortung, lebte.

Allerdings muss man zwischen „menschenwürdig leben" und dem „Besitz einer Menschenwürde" unterscheiden. Aufgrund der bisher gebrachten Argumente lässt sich ganz klar sagen, dass *Karla* trotz der menschenunwürdigen Bedingungen eine Menschenwürde besitzt. Als Begründung dafür dienen die rechtlichen Grundlagen. In Verträgen der internationalen Staatengemeinschaft, im deutschen Grundgesetz und sogar in der Verfassung von Bosnien und Herzegowina ist die Achtung der Menschenwürde verankert.

Der Fall *Karla* lässt sich auf die Weltgesellschaft übertragen: Während beispielsweise Sklaverei weltweit verboten ist, werden dennoch in nahezu jedem Staat Menschenrechte verletzt. Die Existenz einer Menschenwürde wurde in den letzten Jahren international akzeptiert und rechtlich manifestiert. Zudem müssen wir **zwei parallele Entwicklungen** feststellen:

Einerseits vernetzen sich weltweit zunehmend Bürger und setzen sich für eine „gerechtere" Welt ein. Andererseits erweist sich die moderne Sklaverei als rentabler Wirtschaftszweig und das Netz der Menschenhändler nimmt ein bislang ungesehenes und schwer kontrollierbares Ausmaß an. Deshalb ist menschenwürdiges Leben in der globalisierten Gesellschaft zu oft nicht oder nur teilweise möglich.

Nun lässt sich die Antwort noch klarer formulieren. Dazu werden zunächst die Bedingungen festgesetzt, von denen man in einer globalisierten Gesellschaft ausgeht:

1. Menschenwürdig leben heißt...
   a. selbstbestimmt und eigenverantwortlich handeln und
   b. Erwartungen an sich selbst (z.B. „ich will gerecht handeln") erfüllen.
2. Wir profitieren von der Ausbeutung anderer.

Daraus lässt sich schließen, dass ein menschenwürdiges Leben **nicht möglich** ist, weil mindestens eine Erwartung an sich selbst („mein Handeln ist gerecht") nicht erfüllt werden kann.

Außerdem lässt sich sagen: Je weniger eine Gesellschaft globalisiert ist, desto wahrscheinlicher ist ein menschenwürdiges Leben. Denn umso weniger die Welt vernetzt ist, desto unwahrscheinlicher ist es, dass wir mit unserem Handeln anderen Menschen Unrecht tun.

Ein „Ausweg" wäre ein autarkes Leben, bei dem wir unter anderem auf Kleidung und Nahrung verzichten, von der wir nicht wissen, wo ob die „Produzenten" (Arbeiter, Nutztiere) für ihre Arbeit „gerecht" entlohnt werden. Ganz sicher gehen können wir nur, wenn wir unsere Konsumgüter selbst herstellen. Somit kann eine Ausbeutung anderer zu unserem eigenen Vorteil ausgeschlossen werden.

7. Erklärung zur selbständigen Arbeit

Ich versichere, dass ich die Arbeit selbstständig angefertigt und keine anderen Quellen, außer den angegebenen, verwendet habe.

_____

(Ort, Datum, Unterschrift) Kevin Weber

8. Quellenverzeichnis (Stand/letzter Abruf: 8. Juli 2012)

Fußnoten:

1   Vgl. „Horror in Bosnien – Die Sklavin Karla", Cathrin Kahlweit, sueddeutsche.de,
    http://www.sueddeutsche.de/panorama/horror-in-bosnien-die-sklavin-karla-1.1368278
2   Vgl. „Menschenhandel – Rückkehr der Sklaverei", Thomas Schirrmacher, 2011 SCM Hänssler
    (ISBN: 978-3-7751-5335-5): S. 14
3   „Menschenhandel: Europas neuer Schandfleck", Armando García Schmidt, 2008
    Bertelsmann Stiftung, [PDF] http://www.bertelsmann-
    stiftung.de/bst/de/media/xcms_bst_dms_24391_24392_2.pdf
4   Vgl. „Schülerduden – Die Philosophie", 1985 Bibliographisches Institut (ISBN: 3-411-02206-
    X): „Würde"
5   Siehe 4
6   „Grundlegung zur Metaphysik der Sitten", Immanuel Kant,
    http://gutenberg.spiegel.de/buch/3510/1
7   Institut Mensch, Ethik und Wissenschaft, http://www.imew.de/index.php?id=229
8   „Informationen zur politischen Bildung Nr. 305/2009 – Grundrechte": S. 6
9   „Declaration of Independence",
    http://www.archives.gov/exhibits/charters/declaration_transcript.html
10 „Allgemeine Erklärung der Menschenrechte",
    http://www.un.org/depts/german/grunddok/ar217a3.html
11 Art. 1 Abs. 1 GG
12 Vgl. „Zwei Abhandlungen über die Regierung", John Locke, [PDF]
    http://www.joachimschmid.ch/docs/PAzLockeJohZAbhaReg.pdf
13 Vgl. „Vorlesungen zur Ethik. Siebzehnte Vorlesung: Menschenrechte", Ernst Tugendhat,
    1993 Frankfurt a. M. (Suhrkamp)
14 „Zusatzprotokoll zur Verhütung, Bekämpfung und Bestrafung des Menschenhandels,
    insbesondere des Frauen- und Kinderhandels zum Übereinkommen der Vereinten Nationen
    gegen die grenzüberschreitende organisierte Kriminalität", [PDF]
    http://www.admin.ch/ch/d/ff/2005/6809.pdf
15 „Menschenhandel in Deutschland", Follmar-Otto/Rabe, 2009 Deutsches Institut für
    Menschenrechte: S. 22, [PDF] http://www.institut-fuer-
    menschenrechte.de/uploads/tx_commerce/studie_menschenhandel_in_deutschland_01.pdf
16 Vgl. „Global Report on Trafficking in Persons", 2009 UNODC, [PDF]
    http://www.unodc.org/documents/human-trafficking/TIP_Executive_summaries.pdf
17 Vgl. „Moderne Sklaverei", Bales/Cornell, 2008 Gerstenberg Verlag (ISBN: 978-3-8369-2590-
    7): S. 25
18 „Apple Supplier Responsibility – 2012 Progress Report", 2012 Apple Inc., [PDF]
    http://images.apple.com/supplierresponsibility/pdf/Apple_SR_2012_Progress_Report.pdf
19 Vgl./siehe 2: S. 69
20 „'Glückliche Huren gibt es nicht'", André Anwar, spiegel.de,
    http://www.spiegel.de/politik/ausland/0,1518,515779,00.html